根井浄

念仏のきこえる家族

Kiyoshi Nei

法蔵館

念仏のきこえる家族＊目次

装丁　吉川陽久

念仏のきこえる家族

間借りの部屋

初事の感動

大切な『花すみれ』に初めて一文を載《の》せていただくことになりました。初めて、初事《はつごと》というのは、まことに感動的なことであり、またみずみずしいことでもあります。ことに人が人に初めて出遇《であ》うということは、ただ単にそれだけの問題ではなく、その人の一生涯を方向づけるということでもありましょう。

現に男と女が初めて出遇って一組の夫婦となり、それぞれ夫として、妻としてその一生涯が決定するのであります。そして、赤ん坊が誕生し、初めて両親に出遇ってこんにちはということになる。そのこんにちは、こんにちはの連続が私たちの一生涯であり、実際に人は人に出遇いつつ、一生涯を貫いていくのであります。

親鸞聖人もよき人、法然上人に初めてお遇いになって、自分の一生涯を決定されました。『歎異抄《たんにしょう》』第二条に「よきひとの仰《あふせ》を被《かうむ》りて信ずるほかに別の子細なきなり」とありますように、よし、私の歩むべき道は、念仏の道これ一本しかないと決定されました。そして「たとひ、法然上人にすかされまゐらせて、念佛して地獄に墜《お》ちたりとも、さらに後悔《こうくわい》すべからず候《さふらふ》。……地獄は一定《いちぢやう》すみかぞかし」と結んでおられます。本当に人が人に初めて出遇うということは、人生の一大事であります。

母と野良犬

ところで私事で恐縮ですが、私が衣《ころも》を着せてもらえる身に決定したのは、実は人との出遇いではなく、一匹の野良犬との出遇いがきっかけでした。父は医者でありましたが、早く他界したため物質に恵まれない生活でした。いっぽう母は、真宗の僧を父として、いわばお仏飯《ぶっぱん》育ちの者です。そこで母は当然、私が父の遺志を継いで医者になってくれるものと思っていたのでしょう。しかし、非才とはさびしいもので高校時代は不勉強の毎日でした。

そのおり、これまでだまっていた母が「お前が勉強しないで遊んでいる姿を見ると、お母さんは働き甲斐《がい》がない」と一言いったのです。この一言は強烈《きょうれつ》に胸に突き刺さりました。教育にはその場の機敏《きびん》な対応が必要なのでしょう。母の働くその姿が無言の教えとなりました。また、一言の教えによって子どもは目が覚《さ》めることが実際にあるのです。そこで私は「医者と僧の間に生まれた者。それは共にいのちを尊ぶ人。共にいのちを大切にする人」ということに気がつきましたが、まだその時はただ漠然《ばくぜん》とした思いで大学に進学したようです。

しかし、母の元を初めて離れてからの間借り生活は、正月の餅《もち》をわれわれ子ども四人に食べさせるため借金に奔走《ほんそう》した姿や、疲労で畑の中に土を口に含んだまま倒れていた姿など、これまでの母の姿がいろいろと思い出される日々でした。

そんなある夜、どこからともなく、ジイジイという音が耳に入りました。それは間借り部屋の真向かいの家で、母親が翌日の子どもの弁当のおかずにするために、卵を焼いている音でした。その時、故郷の母の姿が重なり合い、

真夜中に　卵やく音　聞こえ来ぬ
　学ぶ子をもつ　母のその身か
という歌が生まれました。また毎月毎月、母から送金してもらって生活していましたので、その現金封筒を開かねば生活できない我が身が苦しく思えたこともありました。それでまた、つたない歌ですが、
　ふるさとの　空気もわづか　含みをり
　　現金封筒の　うすきふくらみ
と記録したこともあります。そんなわけで、独《ひと》りになった時、自分が見えるとともに、母への感謝が切々と湧《わ》き出てくる学生生活でした。したがって私の学生生活は空腹の思い出でいっぱいです。
　やがて初めての夏休みが近づいたある日、母からお正月の歌をもじった「はーやーく来い来い夏休みー」という、たったそれだけの手紙が届きました。これも生涯忘れることのできない思い出です。したがいまして、初めての夏休みの帰省では、
　ふるさとの　山に向ひて　言ふことなし

ふるさとの山は　ありがたきかな

という石川啄木《たくぼく》の歌を口ずさみながら、あらためてふるさとの山に遇い、土の香《かお》りに遇い、あらためてふるさとに感動しました。帰った日の夕食の記念として、

山盛《も》りの　白き米粒《こめつぶ》　ひかり持ち
母と対《むか》へり　帰省の夕餉《ゆふげ》

という雑詠《ざつえい》をノートに記しております。

そんな夕食後、外からワンワンという犬の啼《な》き声がします。私のいない二、三カ月の間に住みついた野良犬だったのです。それは胴と尻の間がくびれた痩《や》せ犬でした。そこでどんぶりに山盛りの御飯に味噌汁《みそしる》をかけて与えますと、どうでしょうか、食べるというよりも、グイグイ、グイグイと飲み込んだのです。そして飲み終えるとまたワンワンと「もっとくれ、くれ」というように私に向かって吠え続けました。夕方の家の窓からもれる電灯の光に、犬の瞳《め》の涙がキラリキラリと輝きます。「ああ、お前も空腹だったなあ。そうか、お前も生身《なまみ》を支えているもの。大変だなあー」と語りつつ、野良犬の頭を膝《ひざ》にかかえこみ、母にわからぬように一緒に泣いたことがあります。

私たちの涙というのは、何かいのちといのちが触れ合った時に流れるのかも知れません。この時「肉体の発見」という言葉に突き当たると同時に、私たちのいのちというのは、他のいのちをいただくことで支えられている、とも思ったことでした。現に先ほどの夕食に肉と魚を食べた私の存在を確認したのです。

しかし一方では平気で殺生《せっしょう》する私でありました。

畳目《たたみめ》に　突き刺さるごと　身を支ゆ
薬にて死にゆく　間際《まぎわ》の蚊《か》の足

この歌は、蚊を殺す瞬間の私の姿と、その複雑な心境を詠《よ》んだ十八歳の記録です。人間の心は、途方もなくゆらゆらと揺れ動きます。食《しょく》の有り難さ、いのちの尊さをその時々で感知しても、また平気で殺生する私の心。本当に私たちの心は当てにならない揺《ゆ》れ動くものです。それが親鸞聖人の言われる無常ということなのでしょう。そんな微妙《びみょう》な心の問題に応《こた》えていくのが真宗の教えであります。

そんなわけで、私と野良犬との出遇いは、肉体を持つ人間のかなしさ、きびしさ、そしてまた、その私の身体《からだ》を間接的に支えていてくれる母の存在を問い尋ねる契機《けいき》になっちは「お母さん、お母さん」と呼び続けてきたのです。と同時に、普遍的《ふへんてき》に真実の母とはいったい何か、また子どもがいつまでも「お母さん」と呼び続けるのはいったいどこから来るのか、を真剣に問う生活が始まったような気が、今、回想されます。

お母さん　はーい

竹下哲先生の著書『いのちのうた――教育と宗教への思い――』の中に、河野進さんの『母の詩』という詩集の紹介がありますが、その中に、

お母ちゃん
なあに
なんでもないの
顔みに帰っただけ
また遊びに行って来るよ
楽しくいそがしかった

こどもの日よ。
お母さん
はーい
どこにおっても
ぼくが呼んだら
すぐ返事をしてよ
これで安心
さあ　どこへ遊びに
行こうかな。

という子どもの詩があります。右の詩のように、「お母さん　はーい……これで安心さあ　どこへ遊びに　行こうかな」という表現は、母の存在を確認して、初めて「安心さあ　どこへ遊びに　行こうかな」という世界がひらかれて来ることを示しているのでしょう。その意味で、「また遊びに行って来るよ」という前の詩の言葉も、やがて安心

して帰ることのできる所がある、という前提《ぜんてい》があるわけです。つまり大きな母港があるということでしょう。たとえば、北海道の北洋漁業の人びとは、ひと時の別れとして出航して行きます。私たち人間には、最期《さいご》の別れ、また逢《あ》える一時の別れと、いろいろありますが、いつの場合でも別れとは辛《つら》くて悲しいものです。しかし、母港があるから、やがて帰って来れる港があるから、出航できるのです。

このように考えますと、現代の私たちは、本当に安心して帰って来れる所をもっているのでしょうか。本当に、心落ち着く、今、間に合っている場所をもっているのか、と深く反省させられます。

現代の競争の社会にあって、どんなに物質的に満ち足りた生活でも、やはり心落ち着く所、心やすらぐ所を求めているのが現代人であります。「お母さん　はーい……これで安心　さあ　どこへ遊びに　行こうかな」とは、まことに子どもは純粋《じゅんすい》であります。竹下先生もおっしゃっているように、子どもというのは、母親の働く姿を見て、母の強さ、偉大さを知っている。子どもというのは、実に親というのをよく観察しているものです。その母の姿を見て、「お母さん」と無条件に呼ぶのでありましょう。

たはむれに　母を背負ひて
そのあまり　軽きに泣きて
三歩あゆまず

というのは、石川啄木の有名な歌でありますが、母の恩を身体を通して知った時、三歩もあゆめない子ども、啄木でありました。母親の現実を観《み》、その母親の無言の教えによって、私たち子どもは成長するのでありましょう。逆に子どもによって親もまた成長するのでありましょう。いつまでも子の親であり、親の子であります。

島秋人さん

ところで、死刑囚として、その半生を監獄の中で過ごし、死刑によって亡くなった島秋人という方があります。その島さんが獄中で作った歌が、現在『遺愛集《いあいしゅう》』という歌集となって出版されています。その島さんの歌に、

素直にて　昏るる日のあり　被害者の
みたまに詫びて　夕餉いただく

葉の影に　ひっそり咲ける　朝顔の
　紅のいのちは　夕までたもつ
水仙の　残りのつぼみ　咲くまでは
　水代へてやりぬ　獄窓《まど》の日向に
たまはりし　処刑日までの　いのちなり
　心素直に　生きねばならぬ
この澄める　こころ在《あ》るとは　識《し》らず来て
　刑死の明日に　迫る夜温《ぬく》し

というのがあります。この歌をそれぞれの立場で鑑賞《かんしょう》することができますが、私は、島さんというのは、歌を通して宗教に出遇った人、真実に出遇った人であった、と理解しております。島さんの歌は文学というよりも、むしろ島さんの宗教である、ということです。その宗教、真実に出遇って、いのちをみつめる目を育てた人、ということです。

　たまはりし　処刑日までの　いのちなり
　　心素直に　生きねばならぬ

と詠んでいるのです。本当にいのちというのは、たまわりしもの、つまりあずかっているものと、明確に、純粋に告白《こくはく》しているのです。そしてまた、小さな花や木にもいのちがあることを知って、

葉の影に　ひっそり咲ける　朝顔の
　紅のいのちは　夕までたもつ

水仙の　残りのつぼみ　咲くまでは
　水代へてやりぬ　獄窓《まど》の日向に

とありますように、きょう一日のいのちが有り難い、と言って亡くなっていった人でした。私たち人間は、真理に出遇うと心が回転するのです。今までの私が、真理に出遇うと百八十度の回転をとげるのです。人を殺した身であるけれども、人間のいのちは、たまわりしもの、と知って回転した時、

この澄める　こころ在《あ》るとは　識《し》らず来て
　刑死の明日に　迫る夜温《ぬく》し

と、直前に迫った死に対して心が澄みわたり、身体は温《ぬ》く温《ぬ》くと暖《あたた》かい、と言ってこの

世から姿を消されたのであります。しかし、その島さんが最後になって、

お母あさん　と呼んでみた　月の鉄窓《まど》

という短い句を残しております。この短句は、一人の読者である私にとって、一番つらい句です。「お母さん、いのちというのはお母さんからいただいたものでした。たまわったものでした。ありがとうございます」と言っているのです。「お母さん」。これが島さんのたどりついた言葉でありました。「お母さん」と御名《みな》を呼んでみたのです。その御名を呼ぶことによって、何かが聞こえて来たのでありましょう。それは母の願いであり、その願いをかけられていた私であった、と聞こえて来たのでありましょう。

ここに限りあるいのちを持つ私たちが、限りないものに対して呼んでみる。これこそ私たちが南無阿弥陀仏と御名を称える世界ではないでしょうか。遠い遠い昔のお釈迦さまの願いが、八百年前の親鸞聖人の願いが、現実の私たちの胸に、ひびき合い、わたり合って来るのです。

お母あさん　と呼んでみた

これが島さんの南無阿弥陀仏でありました。

御名をとなえる

現代の私たちは、科学文明と、物質文明の真ん中にあって、公害、公害と叫んでいます。しかし、その公害のもとを作ったのは、私たちであります。その公害を作り出した私たちの精神的公害が最も憂慮《ゆうりょ》される現代において、毎日の家庭生活において最も求められていることは、お母さんと呼ぶように御名を称えることではないでしょうか。

南無阿弥陀仏と御名を称えるとき、私たちは頭が上がるのではなくて、自然と頭が下がるのです。その意味で、今の社会に頭を下げる場所がほしい。私たちは、私たちの個々の家庭に頭を下げる場所と、そして頭が下がる人を求めているのではないでしょうか。頭を下げる場所であるお寺やお仏壇の前で、今日も静かに坐して、「お母さん」「南無阿弥陀仏」と呼んでみる。すると、何かが聞こえてきて、きっと、きっと自分がみえて来ることでしょう。

わたしのまちがいだった

わたしの　まちがいだった
こうして　草にすわれば　それがわかる

という八木重吉さんの詩のように、何億年にわたっていのちを育《はぐく》んできたこの大自然の草むらに、いわば巨大なる母親にいだかれた時、今の私がわかるのであります。その自分がわかったとき、みえたとき、しぜんと南無阿弥陀仏となり、うなずけるような気がします。

名前と願い

美しい日本

私たちが住んでいる日本は、幸いにも美しい四季があり、春夏秋冬、その四季おりおりの美しさを眼前に披露《ひろう》してくれます。かつてノーベル文学賞を受賞された川端康成さんは、美しい日本の四季と自然を世界の人びとに紹介するにあたり、「美しい日本の私」と題して講演されたことがあります。昭和四十三年のノーベル文学賞受賞の記念講演でありました。

その講演の草稿を写真で拝見しますと、当初「日本の美と私」となっております。しかし、川端さんは「日本の美と私」の「と」を「の」と改め、そして、最終的な講題を

「美しい日本の私」とされたのであります。川端さんは、美しい日本は私であり、その私は美しい日本に囲まれている、という考えであったのでしょう。そして、その背景には、東洋の国、日本の国、いわば伝統的な仏教の国においては、「と」ではなく、「の」の立場であるという考え、すなわち、仏教の基本的な考えは「と」ではなく「の」である、という考えが川端さん自身の中にあったものと思われます。

その美しい日本を紹介するにあたって川端さんは、何よりも日本の著名な僧が四季の美しさを詠《よ》んだ歌をもとにして、日本の自然の美しさと、日本の伝統的な文化、思想を世界の文化人に向かって講演されました。

春は花　夏ほととぎす　秋は月
冬雪さえて　冷《すず》しかりけり

という道元《どうげん》禅師の歌を筆頭に、そのほか、明恵《みょうえ》上人、西行《さいぎょう》法師、良寛《りょうかん》和尚の歌をおりまぜつつ、日本の四季の美しい景物と、それらを詠んだ僧の宗教的心情を紹介されました。ご承知のように、西行法師は桜を詠んだ人として有名で、桜の詩人と呼ばれますが、かたや、明恵上人は月の美しさを詠んだ人として有名であり、その明恵上人の月の歌で、

あかあかや　あかあかあかや　あかあかや

あかあかあかや　あかあかや月

と、ただ感動の声をそのまま連《つら》ねた歌があります。また、「霞《かすみ》立《た》つながき春日をこどもらと手毬《てまり》つきつつこの日暮らしつ」でおなじみの良寛さんの歌で、

形見とて　何か残さん　春は花

山ほととぎす　秋はもみぢ葉

という歌もあります。この歌は、自分は形見に残すものは何もない。でも自分の死後も自然はなお美しく、これがただ自分のこの世に残す形見になってくれる、という意《こころ》で、日本古来の心情がこもるとともに、良寛という人の宗教心も聞こえてくる歌なのです。

このような川端康成さんの記念講演をあらためて読みますと、日本という国はそのまま仏教の国であることがわかります。したがって、日本の高僧の多くが自然を詠んでいるのは、何よりも宗教者たる者は、常に自然を観察し、そこに大いなるいのちの根源がある、ということを感得してきた証《あか》しでありましょう。自然界の共存の原理に逆らうことなく、そのまま生かされてゆく。しかもごまかしを決して許さない自然の掟《おきて》の厳粛《げんしゅく》さ

を、宗教者は追求してきた、といえるかも知れません。

日本の国とその四季おりおりの自然の歴史は、そのまま宗教の歴史であり、またいのちの歴史でもあり、私たちの立場からすればお念仏の歴史であった、といってよいでしょう。ここに「美しい日本の私」と題して講演された川端さんが、日本の国を世界の人びとに紹介するにあたって、必然的に高僧の歌を主題にされた心境に、あらためて私たちは仏教の国に生活し、多くの先人のご苦労の上に生かされていることを憶《おも》うのです。

八木重吉さんの詩

そのような自然のおりなす春夏秋冬の中で、秋になりますと、私はいつも鈴虫の鳴き声とともに、八木重吉さんの「虫」という詩を思い出します。

虫が鳴いている
いま　ないておかなければ
もう駄目《だめ》だというふうに鳴いてる
しぜんと

涙をさそわれる

ご承知のように蜻蛉《かげろう》はわずか一日の生命《いのち》、蟬《せみ》は土中から出て十日前後の生命しかないというように、およそ、虫、昆虫《こんちゅう》たちは本当に短命です。そのわずかのいのちしかない虫は「いま　ないておかなければ　もう駄目だというふうに」いのちを燃焼《ねんしょう》させて精一杯に生きています。しかも、今日、一日を生き抜いてゆくのであります。その虫たちの生き方、つまり、いのちの短い長いは問題ではなく、どういう生き方をするか、どう人生の方向を決めるか、その虫たちの一日の生き方の姿勢にふれた時、私たちは自然と涙をさそわれるのでありましょう。

どうやら私たちの涙は、やはりいのちがふれ合った時に流れるのかも知れません。そして、ことにこの八木重吉さんの「虫」の詩では、「いま」というところに大切さを感じます。つまり、今日あって明日があるように、今という土台を踏みつけてゆくところに、私たちの成長がある、ということです。子どもたちは、親を土台として成長してゆくもので、逆にまた親は土台となって子どもたちの成長を願うのです。

実際に親鸞聖人も法然上人を土台として真実の教えを示してくださいました。そして、その法然上人も源信僧都《げんしんそうず》を土台とされたのであり、それから次々に、源信は善導大師を、善導は道綽禅師を、道綽は曇鸞大師を、曇鸞は天親菩薩を、天親は龍樹菩薩を、それぞれよき人とされたように、土台は土台に支えられ、いわゆる七高僧の土台の上に親鸞聖人は「帰命無量寿如来《きみようむりようじゆにょらい》」にたどりつかれた、といってよいでしょう。それはまさしく「正信偈」に「帰命無量寿如来……釈迦《しゃか》如来楞伽山《にょらいりょうがせん》……龍樹大士《りゅうじゅだいじ》出於世《しゅっとせ》……天親菩薩《てんじんぼさつ》造論説《ぞうろんせ》……本師《ほんじ》曇鸞梁天子《どんらんりょうてんし》……道綽決聖道難証《どうしゃくけっしょうどうなんしょう》……善導独明仏正意《ぜんどうどくみょうぶっしょうい》……源信広開一《げんしんこうかいいち》代教《だいきょう》……本師《ほんじ》源空明仏教《げんくうみょうぶっきょう》……唯可《ゆいか》信斯《しんし》高僧説《こうそうせ》」と、お念仏の歴史が示されている通りであります。

「キミノナハ」

ところで、私は小学生のおり、よく母から「キミノナハ」の話を聞かされました。春樹と真知子という恋人がいて、数寄屋橋《すきやばし》で逢《あ》うことになっていながら、すれちがう物語です。それは菊田一夫作『君の名は』であります。この物語がラジオ放送されたのは昭和二十七年のことで、翌年には織井茂子さんが歌う主題歌が流行しました。このラジオドラマが始まると、町内の銭湯屋さんには、誰一人いなかったというように、たいへんな人気でした。佐田啓二さんと岸恵子さんが演じる映画にもなり、真知子巻きという襟《えり》まきが流行したのもそれから間もなくのことでした。

しかし、私は、母から「キミノナハ」と言われても、何のことかまったくわかりませんでした。「キミノナハ?」がいったいどういう意味なのか理解できなかったのです。「黄身のナハ」「キミの縄」などと、小学校で習った漢字を当てて一生懸命《いっしょうけんめい》考えてみましたがまったくわかりません。それが「君の名は」と漢字を当てて、「あなたのお名前は?」ということであったことを知ったのは、おそらく小学校の高学年の時であったと思われます。子ども心にも、このことを発見した時には嬉しいことでありました。発見、〝気づく〟ということは、何にも代えることのできない感動です。

でも、今、静かに考えてみますと、あらためて「君の名は」とは大切な言葉であると思います。「あなたのお名前は?」と尋ねられますと、「はい。私は……と申します」と応《こた》えるのが一般的な返事でありましょう。しかし、名前をなのるということはたいへんなことであります。実際に私たちは、真実の「私」をしっかりとなのっているでしょうか。「私」という実体にふれた本当の名前を人様の前に申しているのかどうか、少々不安になってきます。意外にも私たちは、毎日の生活にとらわれて、孤独《こどく》な、仮《かり》の、嘘《うそ》の名前を申しているのかも知れません。私たちは、本当の「私」にふれる真実の「名」を返事しているのか、内省させられます。

私事で恐縮《きょうしゅく》ですが、私は浄《きよし》という名前です。両親からもらった名前であります。父は医者でありましたが、仏教にもたいへん関心を持ち、お寺の日曜学校にもいつも出向いて、子どもたちに童話を話してやっていたと聞いております。その父は「私はいつも迷っている」ということで、「迷坊」となのり、つれづれに書いた詩歌には「迷坊」と署《しょ》名《めい》しております。したがって私もその心を継《つ》いで、ときおり「迷坊、迷坊」と口ずさむことがあります。その父が浄と名を付けてくれたのです。母の父親が真宗の僧侶だったので、「きっとおじいちゃんも喜んでくれるだろう」ということで、浄土の浄、浄土真宗の浄を名前に付けてくれたそうです。残念ながらその父は、私が四歳のとき逝きました。戦前から続いた村医という激務上、過労が重なったのでありましょう。

その父の葬儀のおり、私は叔母に抱かれて位牌《いはい》を持っていたそうです。叔母は「これがお父さんよ」というと、私は「うーん。これがお父さん。お父さんは木ね」と言ったそうです。まったく記憶《きおく》はありませんが、いつも叔母はこんな話をしてくれます。

父は木である。木になった父でありました。しかし、「浄、浄」と私の名を呼び、四年間のわずかな時間ではありましたが、叱《しか》る時も、食事をする時も、風呂に入る時も、布団《ふとん》に寝る時も、いつも私の名を呼び、私に願いをかけてくれたのでありましょう。

その父は木となって、現在もなお私の名前を呼び続けている。それが今の父であり、呼びかけられている私でありましょう。いやいや、どこのご家庭でも、どこのご家族でも、両親はいつも子どもの名を呼び、子どもは「お父さん。お母さん」と呼びます。そうして呼び合っているのが、いつわらざる私たちの生活であります。そして今、誰かに「君の名は」と尋ねられると、私は「はい。浄です」と応《こた》えるでしょうが、それぞれ個々の名前を呼ばれているのは、いつも願いがかけられていることなのでしょう。

中国残留孤児・Mさん

三島多聞先生の『じゃがいもになったお母さん』という本を拝読したことがあります。

それは中国残留孤児のMさんの話で、Mさんがいよいよ日本に帰国することになったというのです。しかし、帰国の手続きなどが遅れる中で、日本にいるお母さんが亡くなってしまいました。そういう状況の中で、Mさんが帰国することになり、ご家族の方や三島先生は、お仏壇をきちんと荘厳《しょうごん》し、Mさんを待っておられたそうです。三島先生も、ご親戚《しんせき》の方々も「きっとMさんはお仏壇に手を合わせ、おいおいと泣くだろう」と思っておられたそうです。ところがMさんはいざ帰国してお仏壇の前に坐しても一向に泣き出す様子はありません。皆様の予想はまったくはずれてしまいました。そのおり、歓迎《かんげい》の料理を作っていたMさんのお姉様が、台所にあった数個のじゃがいもを指《ゆび》さして、「これはお母さんが亡くなる前に、あなたに食べさせてやりたいと言って畑で作ったじゃがいもよ」と言われますと、するとどうでしょう、Mさんはそのじゃがいもを胸に抱きかかえて、「これがお母さん。このいもがお母さん」と呼んで号泣《ごうきゅう》されたそうです。

三島先生は「実の親とは、顔つきや、体つきのことでなくて、自分にかけられて代ることのない親の願いであった」。「Mさんが三十有余年、待ちに待ち、求めてやまなかった実の親とは、じゃがいもになってMさんを待った心であった」と、結んでおられます。

じゃがいもになったお母さん。親の願いとは、国境を越え、時間を越え、果てしなく届くのでありましょう。そのMさんのお母さんは、いつも「M。M」と言って名を呼ばれ、待ちに待ち続けられたことでありましょう。しかし娑婆《しゃば》の縁つきて実際にはわが子に向かって名を呼ぶことはできなかった。しかし、お母さんは今はじゃがいもとなって、「M。M」と、いつまでも肉声のように呼びかけられているに相違ないのです。

私の本当の名前

「君の名は?」「はい。私は……です」。これはいわば本当の返事ではないでしょう。真宗のなのりとは、自分に付けられた名前の奥にある願いに気づかされて、また相手の名を呼びかえすところにあるのではないでしょうか。そして再び、「君の名は?」と問われれば、「はい。南無阿弥陀仏です」と堂々と応《こた》えあい、響き合うところに、真に人は人に出遇《であ》ってゆくことでありましょう。

「君の名は」。この単純な問いかけは、八百年前の親鸞聖人の心に通いあうのではないでしょうか。

鳥になった人

童謡の中の宗教心

ある出版社の文庫本を対象に、今日《こんにち》なお、心に残る書物として選んだ『私の三冊』という小雑誌を読みました。日本の著名な文化人の方々が選んだ三冊です。その中で特に目を引いたのは『日本童謡集』や『わらべうた』（日本の伝承童謡）が多く選ばれていたことです。

私たちもよく童謡を耳にしますが、たとえば、百田《ももた》宗治《そうじ》作詞の「どこかで春が生れてる、どこかで水がながれ出す。どこかで雲雀《ひばり》が啼《な》いている、どこかで芽の出る音がする。山の三月東風《こち》吹いて、どこかで春が生れてる」という歌や、相馬《そうま》御風《ぎょふう》作詞の「春よ来い、早く来い、あるきはじめたみいちゃんが、赤い鼻緒のじょじょはいて、おんもへ出たいと待っている。春よ来い、早く来い、おうちのまえの桃の木の、蕾もみんなふくらんで、はよ咲きたいと待っている」というのは、よく知られた懐《なつか》しい童謡です。こうした春を歌った童謡の歌詞を挙《あ》げてみますと、その春は、いわゆる昔の童心《わらべごころ》への郷愁《きょうしゅう》をかきたてられます。そして、春というのは、自然の現象に敏感になる時です。しかも、大自然の大いなるいのちが息吹く様子は、土にもっとも感じられるようです。浄土の土、報土の土、その土であります。すなわち、春とは、いのちが生まれる時であり、そのいのちが持っている宗教心に一段と敏感になる季節です。

三木露風《みきろふう》さんは「春がきた」という童謡の中で、「春がきた、春がきた、青い空から、春が、きた。御堂の屋根に、きら、きら、光る、春の太陽、あかるいな。……野原の御堂、高い御堂。きら、きら、ひかる」と作詞していますが、それは露風さんの文学としての童謡詩でありながら、お寺の御堂の屋根に春（いのち）を感じる宗教的心情を表現したものでありましょう。

私は、概《おおむ》ね、童謡の中からその人の宗教心を探り当てることができるのではないかと思っています。日本の知識人をはじめ、多くの人びとが童謡に共感を寄せるのは、みんな心の奥底にみずみずしい感覚をもっている表われであり、しかも、その純心な童心を通して自然を愛し、自然をみつめるところに、私たち人間の基本的な生活規範《きはん》があることを示している、と思います。

鈴木正さんの人生

ここで『鈴木正さんは鳥になった』という本を紹介してみたいと思います。この本は世にも立派な本とは言えず、孔版刷《こうはんず》りでたいへん読みづらいものですが、その内容には感動するものがあります。奥付や発行人もありませんし、もちろん、鈴木正さんという方とは、私は一面識もありません。いや、誰もこの鈴木正さんという方を知らない、一無名の人であったようです。しかしよく調べてみますと、鈴木正さんという方は、およそ次のような人でありました。

ある町にシンの池と呼ばれる池がありまして、昔は美しい水が湧《わ》くきれいな池で、人びとの憩《いこ》いの場所であったそうです。それがいつの間にかゴミがたくさんその池に捨てられて、昔の池の面影はすっかり消えてしまいました。鈴木正という人は日雇《ひやと》いの人夫でありましたが、仕事を終えるとその池にやって来て、一人、黙々《もくもく》とその巨大なゴミの山を片づけ始めました。この鈴木さんを見た人たちは、みんな酔狂《すいきょう》な人もあるものだと思っていました。中にはこの鈴木さんを馬鹿にする人もあり、あるいは金稼《かせ》ぎをしているなあと想像する人もありました。そんなわけで、みんなこの鈴木正さんの目的は知りませんでした。ひどく意地悪する人もあり、鈴木正さんが一生懸命《いっしょうけんめい》にゴミを片づけている側《そば》に来て、わざわざトラック一台分の汚物《おぶつ》を捨てる業者もあったようです。

しかし、この鈴木さんは、文句も言わず、雨の日も風の日も、ひたすらにゴミ拾いに精を出しました。そして、とうとう昔の本来の池を出現させたのであります。きれいな水をたたえて、池は池としてよみがえったのであります。

やがていろんな鳥が集まって来ました。風景は一変しました。町の役場は重い腰をあげてこの池の周囲を風致地区に指定し、やがて遊歩道や柵《さく》を作り公園ふうに整備したのであります。そうなると子どもたちは大喜びで、野鳥を観察したり、浅瀬で水遊びをするようになりました。足でさぐると、可愛いしじみも取れるようになったそうです。

その時、遊んでいる一人の子どもがふとお母さんに尋ねました。

「ここでゴミ拾いをしていたおじさんはどこへ行ったの？」と。

するとお母さんは、

「鳥になったのよ、ほら、あの鳥に」

と、言って指《ゆび》さしました。

ゴミひろいのおじさん

この『鈴木正さんは鳥になった』という本は、実は「鳥になったのよ」と答えた、このお母さんが中心となり、十七人の子どもたちに「ゴミひろいのおじさん」の姿を詩や作文に書かせて、それを一冊の本にまとめたものだったのです。その中で、次の詩、作文二編を紹介したいと思います。


ごみをすててはいけません。

ことりさんはなきました。

ことりさんにわらわれます。
ごみをのぞいたらことりさんのおうちでした。
はやくきがついてよかった。
おうちがよごされていやでした。
たくさんのことりさんがないていますが、
いまうれしくてないているのです。
たのしくてないているのです。

右の詩は「きくちももこ」さんの詩で、おそらく小学一、二年生でありましょう。たいへん可愛い、立派な詩であります。私はこの詩を読んで、八木重吉さんの「虫」という詩をまた思い出しました。

虫が鳴いている　いま　ないておかなければ　もう駄目《だめ》だというふうに鳴いてる
しぜんと　涙をさそわれる

という詩です。つまり、この「きくちももこ」さんの「たくさんのことりさんがないていますが、いまうれしくてないているのです。たのしくてないているのです」というところが、八木重吉の「いま　ないておかなければ　もう駄目だというふうに鳴いてる」に重なってくるからであります。「いま……ないてる」「いまないておかなければ……」の「いま」が胸に突き刺さって来ます。今日、一日のいのちがあることが、小鳥は嬉《うれ》しくて、楽しくて鳴くのであります。つまり、いのちの長い短いは問題ではない。どういう生き方をするか、それが大切なことでありましょう。この「きくちももこ」さんは、子どもなりに「いのち」ということに目覚めている。それは鈴木正さんというゴミ拾いのおじさんが、一生を通してやった仕事から生まれた本来の自然の姿を通して、子どもの心が「いのち」の問題にふれたからだ、と私は思います。次は少年の作文です。

ごみ拾いのおじさんはきたないと忠男君がいった。きたないことをしているからきたないといった。おじさんはきたないかっこをしていたし、みんながきたないというし、おとなもいうので、ぼくもそうだと思った。ごみは人間のかすだ。だけど拾うのがきたないなら、すてるのもきたないと思う。そういうと忠男君がばかだなあ、おまえといった。みすずおばさんに話すとわらわれた。おじさんが死んで、ごみ拾いのおじさんはえらい人だと先生がいわれた。みすずおばさんもそういった。ごみはきたないけど、拾うのはきれいさと忠男君がいった。すてるのもきれいということ？　というと忠男君は、ううといった。

右の作文は「小堀正史」君のものですが、小学生の男の子二人が、ごみを拾うのはきたないことか、きれいなことか、あるいは、ごみを捨てるのはきたないことか、きれいなことかをめぐって、やりとりした様子を作文にしたものです。鈴木正というおじさんのことについて、真剣に、まじめに、子どもらしく口をとがらして、論争している姿が目に浮んできます。子どもの論争は実に真剣であります。

多くの人は、公園において、学校の教室において、あるいは私たちの家庭の中において、ごみが落ちているか、いないかということが、そんなに重大なことなのか、と思うかも知れません。しかし、このことは私たちの生活や、生き方にかかわる重大なことと思います。

長い間、小中学校で教鞭《きょうべん》をとられた東井《とうい》義雄《よしお》先生は、「掃除《そうじ》は人間が生活で書く答案である。自分がどのくらいのしろものであるかを示す、人間の答案が掃除である」とおっしゃっています。私たちは、きたないものを見れば「あっ、きたない」と感じ、美しいものを見れば「あっ、きれいだ」と感じる、そういうみずみずしい感覚を持つことが大切である、ということでありましょう。この一見、単純とも思える感覚、感動を、ややもすれば失っているのが現代人の世界ではないでしょうか。

自然を喪失した社会

私がよく知っている坊さんが、次のようなことを言いました。「ねえ君《きみ》。ぼくはもう七十を超えて、全国津々《つつ》浦々《うらうら》、説教して旅をしているが、途中の車窓に広がるいろんな光景をみて、つくづく思うことがある。今、眼の前にある景色《けしき》も、ひょっとするとこれが見納めかも知れない。そこでね、われわれの一生はね、初旅なればみずみずしく、最後の旅なれば名残おしい、という言葉を得た」と教えてくれました。たいへん含蓄《がんちく》のある言葉で、まことに私たちは何事につけても、ういういしく、みずみずしい感覚が、いつまでも必要だなあと思ったことでした。

現代は科学技術、物質豊満の時代であります。かたや、現代は情報化社会、国際化社会とも申します。何事につけても日進月歩するこのあわただしい社会に生きる私たちは、ますますういういしく、みずみずしい感覚を失いつつあります。こうした現代社会を、総称して「自然喪失《そうしつ》の社会」と申してもよいと思います。実際に、ある池が人びとのごみ捨て場となって、池は池としての自然を失ったのであります。

この私たちをとりまく自然の喪失とは、いったい何を意味するのでありましょうか。各自それぞれお考えがあることでしょうが、詩人の佐藤浩氏は『お父さんはとうめい人間』という編著の中で、自然の喪失とは、私たち人間が「生命感」を失うことだと指摘されています。

これはいのちに対する感動が稀薄《きはく》になるということであります。大人も子どもも皆同じでありますが、たとえば、蟬《せみ》はどうして鳴くんだろう、植物の蕾《つぼみ》はどのようにして花として咲くんだろう、というような、生きものに対する興味。あるいはキャベツ畑の青虫がさなぎとなり、そしてモンシロチョウとなって菜《な》の花に遊ぶという、そういう生きものが変化、成長していく過程に対する感動。あるいはまた、種をまいて水をやり、太陽の光に当てて一輪の美しい花を育てていく、そういう生きものに対する愛情。これら自然界に生きるものに対する興味、感動、愛情といった、胸をドキドキさせるような、みずみずしい、ういういしい感覚が稀薄になっていくということであります。

まさに自然の喪失とは、生命感の喪失ということに連なっていくような気がします。人間にとって、生まれることと死ぬことは、誰にでも平等に与えられていることですが、その生と死を生きものがくり返すところに生じてくる感動的なドラマに対する感覚が失われていく。そういう危険性を含んでいるのであります。

生き様に学ぶ

さて話が横道にそれましたので、鈴木正さんのほうに戻ることにいたしましょう。鈴木さんは、三畳の破れ畳の上で、誰にも知られず、独《ひと》り、ひっそりと病死されました。おそらく寒い日に池の水につかってゴミ拾いをし、身体を痛められたのでしょう。

しかし、鈴木正さんという人は、自然を愛し、小鳥を愛しました。枕元には一冊の野鳥図鑑が開かれたまま残っていたそうです。野鳥について人一倍関心を寄せた方でもあったのです。でも人との交際はありませんでした。酒もタバコもやらなかった様子です。日雇《ひやと》いで稼いだお金は、池のゴミを処理するために全部使い果たしたといいます。冷麦が好きだったのか、あるいはそれが主食だったのか、台所にはたくさんのメン類がそのまま残されていたといいます。

私たちは、いろいろな人から教えを受けておりますが、言葉を通して教えられる場合、本を通して教えられる場合、あるいは昨今のようにテレビや新聞で、目や耳を通して教えられる場合など、多々あると思います。しかし、いずれも人が人に教えるというのは、その人の生き様《ざま》が教えるのではないでしょうか。その人がどういう生き方をしたか、その生き方に私たちは感動するのであります。つまり人間の一生、人間の一生涯、その一生涯で展開された真実のドラマに胸が踊るのです。それはまた、限りあるその人のいのちが、私たちにいのちというものを教えてくれるということでありましょう。そのいのちが限りあるところにまた、教えが示されている、と申してもよいでありましょう。

お釈迦さまの一生涯——お釈迦さまが生まれてから亡くなられるまでのいのちが、お経となって今日の私たちの胸に響いてきますし、親鸞聖人の一生――念仏を求めて歩まれたその生き様が、今日の私たちの教えとなってくるのです。

鈴木正という人は、ごみや泥できたなくなっていた池をきれいにして、大いなる自然としての池を、池としての真実の姿を、私たちの眼前によみがえらせてくれました。そして本当の姿、あるべき真実の姿に戻ることで、野鳥もいっぱい集まって来たのであります。一枚の涅槃図《ねはんず》をみるように、小鳥も昆虫も魚も、鈴木正という人の元に集まって、きっと悲泣雨涙《ひきゅううるい》したに相違ありません。その鈴木さんの一生涯が、生き様が、池は池としての本当の姿を求めてやまなかったその生き方が、子どもたちのいのちに通いあい、あるいは若いお母さんの胸に迫って、一冊の本にまとめずにはいられないだけの感動を与えたのです。

鈴木正さんが一生涯をかけて明らかにしたこの池とは、美しい水に光輝く、一枚の「南無阿弥陀仏」という名号であった、と思います。私もこの『鈴木正さんは鳥になった』という本を読んで、今日、一日のいのちを支えさせていただいたことでした。

浄土の一年生

人生の卒業試験

ひと昔まえ、「明治は遠くなりにけり」という言葉をよく耳にしましたが、それから大正、昭和、平成と時代は流れ、やがて大正、昭和も遠くなりつつある今日このごろ、私たちは目まぐるしい毎日を送っています。

春になると、小学、中学、高校、大学と、それぞれ入学試験を終えて、無事合格された子どもさんをお持ちの方もあれば、残念ながら試験に失敗した子どもさんを抱えていらっしゃる方もおられることでしょう。子を持つ親として、春はまことに一喜《いっき》一憂《いちゆう》の季節で、彼方此方《あなたこなた》から押し寄せる情報に、おのずといろいろな入学試験に関心をもたざるを得ない社会となりました。

しかし、ここで静かに考えてみますと、私たち大人にもまだ残された試験があるようです。それは人生の卒業試験であります。いつかは必ずやって来る、避《さ》けて通れないこの人生の卒業試験に、私たちはどのような解答を書けばよいのでしょうか。あわただしい毎日の生活の問題にも答えつつ、この人生の卒業試験を控《ひか》えて、その準備は大丈夫なのか、間に合っているのか、いろいろと思いが交錯する今日このごろであります。

そこで、せっかくの機会でもありますので、この人生の卒業試験にみごとに合格された鈴木章子《あやこ》さんという念仏者の解答（詩）を紹介しまして、私たちも卒業試験の準備をしたいと思います。

鈴木章子さんは北海道の大谷派西念寺の坊守《ぼうもり》で、四十七歳で浄土の一年生になられた方です。その四年前、当時幼稚園の園長であった鈴木さんは、「先生‼」といって園児が勢いよく飛び込んできた時、左胸に突き刺さるような痛みを覚えました。それから一カ月の後、検査の結果、乳癌《にゅうがん》と診断されました。手術の後は順調だったのですが、再検査の際に今度は左肺に腫瘍《しゅよう》が見つかりました。癌が肺に転移したのであります。

「今度は最期《さいご》かもしれない」と鈴木さんはそう思いまして、四人の子どもさんの写真や衣類を整理して、また、住職でもあるご主人から自分の葬式用の写真を撮影してもらいました。その癌宣告の時から鈴木さんは、これまで生かされてきた有り難さ、残される子どものこと、坊守としての反省などを毎日メモして、それをもとに詩作されるようになったのです。

鈴木章子さんの詩

癌は容赦《ようしゃ》なく鈴木さんの身体《からだ》を侵食《しんしょく》していきました。その間、元気だった八十四歳のお父様が急死され、一カ月後にはお母様が亡くなられました。

お父様は「章子、代《かわ》れるものなら代ってやりたい。が、代ってやれないからあなたが引き受けていっておくれ」とか、「帰るところは皆一つ、安心して……」という言葉を残し、お母様は「みんな同じ、念仏して……」と、胸に合掌して息を引き取られたそうです。

父の死

お父さん
死ぬということは
消滅するのではなく
変容することなのですね
火に焼かれるあなたを思っていたら
そのようにわかりました

と、娘である鈴木章子さんは、このような詩を書いておられます。両親に先だたれた鈴木さんは、それから本山で得度《とくど》、やがて檀家の人たちとともに本山奉仕団に参加し、お念仏一筋に活動されました。しかし、なお癌は進んで今度は脳に転移し、もう手術さえ不可能になりました。

そしてとうとう、自分が死んでも、いつかみんなで会える所がある、死は永遠の別れではないのよ。臨終は人生の卒業式、浄土の一年生、と子どもさんたちに言い残して他界されました。昭和六十三年の大晦《おおみそか》、身体はボロボロになりながらも、その死顔は童女のように安らかであったと聞いております。

子らよ受けとれ

いま、こうした鈴木章子さんのお念仏の声は、京都の出版社から『癌告知のあとで――私の如是我聞――』と題して世に問われ、大きな反響をよんでおります。鈴木さんは死ぬまでに本が出版できるだろうか、間に合うだろうかと楽しみに待っておられましたが、その本が手元に届いたのは亡くなる三日前でありました。

遺産なき母が　唯一のものとして　残していく死を　子らよ受けとれ

として、出版されたものです。

人間個々のいのちは、私のいのちではあっても、私有化してはならない。鈴木章子さんのいのちは、私たち人間の共有のいのちでもありますので、いま少し、鈴木さんの教え（いのち）を聞いてみたいと思います。

ベッド

説法はお寺で
お坊さまから
聞くものと思ってましたのに……
肺癌になってみたら
あそこ　ここと
如来さまのご説法が
自然にきこえてまいります
このベッドの上が
法座の一等席のようです

癌と告知《こくち》され、鈴木さんは何回となく検査を受けられました。胃のものを吐くようなたいへん苦痛な検査もあったようです。病院のベッドに一人寝ていますと、やおらご主人のこと、子どもさんのことが思い出され、また寺の子として生まれ、寺に嫁《とつ》いでから坊守としての立場などをベッドの上で考えるうちに、如来の教えが胸に迫り、「ああ、そうだったのね」「ああ、あそこはこうだったのね」と、限りあるいのちに頭が下がる毎日であったと想像されます。

病院という所は、皆、同じ悩み、苦しみを抱えた人が集まる所であり、そこには地位や身分や職業もまったく関係ない世界であり、皆、平等の世界であります。医者も患者も、みな平等、同床の立場に立つとき、ひとりひとりの患者さん同士の会話は、その生活を通した話であり、生活の中の仏法でありましょう。人間にとって死が平等であるように、仏法の前においても皆平等であります。

親鸞聖人が善鸞という子どもを義絶《ぎぜつ》されたのは、仏法の前では何人も平等であることを示されたわけであり、そこには仏法のもつ厳しさがあったのであります。したがって仏法聴聞の場所はお寺だけではない、生活の毎日にあり、ましてや病院は「諸行無常の説法場、あの方も、この方も、みな菩薩さま」であったのです。

今

私が
主人が
子供達が
この茶の間で
しゃべり
笑っている
何千回とくり返された情景が
今　不思議で
あしたにでも
壊れてしまいそうで
だきしめたくなります

鈴木さんの晩年の生活は、入院、検査、退院のくり返しでありました。右の詩はわずかな退院の日のひとこまで、我が家に戻ったささやかな時間に書かれたのでしょう。ご主人が目の前にいて、それを子どもさんたちが囲んで笑い、しゃべる。しかし、ふと考えると、この情景はやがて消えゆく存在。これから見ることのできない情景。それが明日かもしれない、壊れそうで、壊れそうで、今すぐにでも抱きしめたい心境だったに相違ありません。

私たちの一生は死に往《ゆ》く一生。その死に往く一生を生まれ往く一生にする。往死《おうし》の一生を往生《おうじょう》の一生たらしめるもの、それは親鸞聖人の教えでありましょう。この世に生まれて一回きりの人生において、すなわち初旅ならば、何事も初々《ういうい》しく、また一回きりの人生であるならば、すなわち最終の旅ならば、目に見えるものは何事も、見納めとして名残《なご》りおしいのが私たちであります。

目の前にいる鈴木さんのご主人が、子どもさんたちが、この茶の間で笑い、しゃべっているこの情景を、最終の旅ゆえに抱きしめたいのであります。だから、だから、私たちは宗教の門を叩《たた》かずにはおられません。

念佛

お念佛をおもい念ずるとき
一瞬
みずみずしい感動が
指先の先々まで走る
時に流されるのではなく
時を生きるのだ
嬉しい
この温かさ
どこから来るのだろう

鈴木さんは念仏の行者でありました。病院の先生に身をまかせ、さまざまなことをご主人に預《あず》け、子どもさんたちにおまかせすることによって、苦痛の日々を過ごされたことと思います。念仏は一切を別の味にするのでしょう。「念仏者は、無碍《むげ》の一道なり」

という『歎異抄』の文章が想起《そうき》されます。

「無題」という詩の中でも鈴木さんは「治っても、治らなくても、御手の中、如来（あなた）まかせの、この気楽さよ、ナムアミダブツ、ナムアミダブツ」と、書いておられます。お念仏申される鈴木さんの姿がみえるようで、そのみずみずしい感動が、その温《ぬく》みが伝わってきます。まさに鈴木さんにとって「死と生は同意語」であったのです。

私はお母さん
慎介　大介
啓介　真弥
私はいつ迄も
あなた方のお母さん
南無阿弥陀佛の
諸佛になって
今度は

あなた方を育てましょう
慎介かわいい
大介かわいい
啓介かわいい
真弥かわいい
お父さんかわいい

浄土の一年生

いよいよ肉体的な死が近づいてきました。鈴木さんの詩作は亡くなる直前まで続いていますが、やはり後半は、母として、子どもさんたちに寄せる詩が多くなっております。親は子を思い、子は親を思うのです。子は母を呼び、母は子を呼ぶ。如来は偉大な母として、衆生なる我ら子どもを呼び給うのであります。私はただ右の詩をしずかに味わうほかにありません。

私たちは「いつ死んでもよし、いつまで生きてもよし」（金子大栄先生の言葉）なのです。しかし、必ず訪れる人生の卒業試験において、できることならば南無阿弥陀仏という解答を書いて、この一回きりの人生の卒業試験に合格したい。そして、人間の「臨終は人生の卒業式、浄土の一年生」であると、鈴木章子さんに教えられつつ、「浄土三部経」や『教行信証《きょうぎょうしんしょう》』や『歎異抄』といった教科書をランドセルに入れて、お互いに浄土の一年生になると約束しなければなりません。

帰心の念《おも》い

異文化理解の時代

現代は国際社会といわれます。私たちの身の周りには仏教の言葉がいっぱいでありますが、街の中の広告塔や、テレビや新聞の報道の中には横文字が氾濫《はんらん》しています。それどころか、私たちの会話にも横文字が出て来て困惑《こんわく》することがあります。

私は正直にいって外国語に弱い者です。英語、フランス語、ドイツ語はおろか、日本語も知らないとつくづく思うことがあります。『日本語大辞典』には初めて見る言葉があり、『大漢和辞典』にもまったく知らない漢字があり、読み方もわかりません。また『仏教語辞典』にいたっては、語句の説明は読めるのですが、実体として我が身につかないのが現状です。

大学一年生の下校のおり、「今日もまた何も得られぬ寂しさにネオンの英語を身につけていく」と吟《ぎん》じた歌は、私の語学に対するコンプレックスと反省を表現したものです。そのころの私は、親鸞聖人が書かれた『教行信証《きょうぎょうしんしょう》』や唯円坊《ゆいえんぼう》が綴《つづ》った『歎異抄《たんにしょう》』を読んでも、それは外国語の世界であり、「南無阿弥陀仏」もただの音《おと》でありました。鎌倉時代の言葉がわからないのです。まして、お経に書かれた言葉の本当の意味はわかりませんでした。仏教の言葉は心の持ちようを教えるもので、頭の中で解釈してはいけないのですが、それ以前にとにかく、かつて使用されていた日本語がわかりません。

私たちが日常において耳にし、目にする仏教経典は、古代インドの言語であったサンスクリットを漢字に訳したものです。いわば、外国の言葉を縦《たて》に横に翻訳《ほんやく》したものです。サンスクリットは梵語《ぼんご》ともいいますが、そうしたお経の言葉が翻訳されたときには、翻訳の主任、通訳者、言語学者、筆記者、文章家、朗読者、校閲者、監督などがいたといわれています。こんにちのお経が私たちの元に届くには、いかに長い年月を費《つい》やしたか、それがいかに大事業であったかを、改めて考えさせられます。そういうわけで、私は語学にたいへん苦労しています。

歌手リリさん

ある新聞紙上で、カタカナの「リリ」という文字が目に止まりました。また知らない横文字が出てきたと思いながら読んでいきますと、それは麗麗（リリ）さんという歌手の名前でありました。三十代の女性です。本名は張麗華《チャン・リーホワ》さん、戦後中国に取り残された日本人女性を母として、中国人男性を父親に持つ残留《ざんりゅう》日本人二世の歌手であります。

リリさんは、一九五九年、中国の天津《てんしん》で誕生し、日中国交回復の一九七四年、十四歳の時に、母親と弟と一緒に来日しました。青果店でアルバイトをしながら、中学、高校を卒業し、一九八四年（昭和五十九年）に歌手としてデビューしました。二年前には父親も来日されたといいます。リリさんは中国文化大革命下の学校で小日本人と言われていじめられ、父親は自己批判文を書かせられ、お兄さんは密告を受けて当局に取り調べを受けるなど、リリさん一家は歴史に翻弄《ほんろう》されました。

こうしたリリさんが書いた自《じ》叙伝《じょでん》に『赤とんぼとんだ』というものがあり、その本の紹介が新聞の「リリ」の中身でありました。読み終えて「ああ、この記事に出会ってよかった」と思いました。

『赤とんぼとんだ』には、リリさんの目を通して、文化大革命の時の苦労話や、日中国交回復後の家族の様子、とりわけ父親の姿、母親の生き方、そして、一家に帰郷の希望が芽生《めば》えていく様子が生き生きと綴《つづ》られています。そんな中で、ある日の生活の一部を描いた一節に次のような文章がありました。

父は、母が注《そそ》いだお酒を杯《さかずき》に受けると、それをぐいっと飲んでとてもうれしそうな顔をしました。

そして、母がいちばん好きな歌を歌おう、と言って目をつぶりました。

一呼吸おくと、なんと日本の歌を日本語で歌い始めたのです。

夕焼け小焼けの
赤とんぼ
負われてみたのは

いつの日か
意気ごんでいた母は、思わずきょとんとした顔をしていました。
そして、それが父の「里帰りOK」のサインと知って、
とちゅうからなみだをうかべながら、いっしょに歌いだしました。
父と母がいっしょに日本の歌を歌っている……。

冒頭《ぼうとう》に書きましたように、現代は国際社会であり、国際理解、異文化理解の時代です。今は東海道・山陽新幹線に「のぞみ」号が走り、東京・博多間は四十分も短縮され、日本はますます縮《ちぢ》んでいくと、テレビは放送しています。日本どころか、世界中の出来事も衛星放送で一瞬のうちに音声と映像が届きますように、まさに国際社会なのです。この『赤とんぼとんだ』に描かれたリリさん一家の身近な家庭の話は、現代に生きるわれわれの漠然《ばくぜん》とした思いに反省を迫り、国際理解について考えさせる内容を持っています。したがって、この『赤とんぼとんだ』の一節は中学校の道徳の副読本の中に採用《さいよう》されているということです。

雲仙普賢岳の噴火

童謡「赤とんぼ」は誰もが郷愁《きょうしゅう》を覚える歌です。作詞は三木露風《ろふう》さんで大正十年の作、作曲は山田耕筰《こうさく》さんで昭和二年の発表です。「思うに、誰にとっても懐《なつ》かしいのは幼い時の思い出であり、また故郷であろう。赤とんぼは、作った時の気持ちと、幼い時にあったことを童謡に表現した」と、三木露風さんは述懐《じゅっかい》しています。がしかし、露風さんの脳裏《のうり》には七歳の時に死別したお母さんのことがあったに違いない、と私は思います。祖国に帰りたい、自分が生まれたところに帰りたい、そんな望郷《ぼうきょう》の念は誰もがもっている真情《しんじょう》です。とすれば、今、われわれの故郷はどこにあるのでしょうか。

故郷というのは、たいていの場合、自分の出生の地でありましょうし、あるいは子どものころに暮らした所、そして今なお、祖父母や父母が住んでいるところでありましょう。ちなみに私の故郷といえば長崎県の島原です。雲仙岳《うんぜんだけ》（普賢山《ふげん》）の噴火と火砕流《かさいりゅう》ですっかり有名になり、私がかつて見た原風景は失われつつあります。あの山、あの川、あの家、あの時間、あの空間が変貌《へんぼう》を遂げています。友人の家屋《かおく》も流されたり、半壊してしまいました。土石流《どせきりゅう》でわずかに残った家屋の一隅で正月を過ごしたという友人の年賀状が痛々しく感じられます。確実に、厳密に、ふるさとの風景は変わりつつあるのです。テレビの映像で報道されるものとはまったく違います。現場に立って、はじめて変貌する世界を確認できるのです。

数年前に中学校の同窓会に出席しました。雲仙岳の見える会場でした。お互いにすっかり、おじさん、おばさんになっての再会でした。そのおり「君にあやまりたい」と言って杯《さかずき》をもってきた友人がありました。「君には何事においても嫉妬《しっと》心があり、机の端《はし》にチョークをつけ、君の服が汚れるのをみて笑っていた。いま考えると申しわけない。謝れないでいた自分が、これまで苦痛であった」と言いました。思いがけない言葉でした。初めて聞く体験でありました。その場は一笑してお互いに純情であったことを確認したことでした。

その後、この友人から、干したイカの足が段ボールいっぱい送られてきました。自分で船を出し、遠い海で釣ったイカで、精一杯の謝罪である、というメモが入っておりました。正直にいって硬《かた》くてたくさんは食べられません。それもイカの足のみです。イカの身はきっと売ったのでしょう。残りの足のみを私に送ったのです。そういう友人の生活苦を想い、その夜の肴《さかな》として「君にこそありがとう」と憶念《おくねん》したことでありました。物を受けるには心を以《もっ》てし、法を受けるには身を以《もっ》てす、といいます。私は、なによりも段ボールに詰まった友人の心と、イカの隅々まで詰った故郷の空気がおいしく、深まる酔いに涙腺《るいせん》がゆるみました。そして、この友人から無言の教えをいただいたことを感謝しました。

故郷に帰る

私はお正月とお盆には必ず故郷に帰ることにしています。それは何よりもまだ老母が生き、独《ひと》りで生活しているからです。帰省《きせい》の時期が近づきますと、家内と故郷のことを話し、子どものころを語りあいます。

残念ながら父親はお互いに早逝しましたので母親の話になります。母をほめ、ときには母をけなさなければなりません。感情が高ぶり、時おり喧嘩《けんか》に発展します。夫婦喧嘩の原因はお互いの親の問題にあるのです。これは偽《いつわ》らざることで、どこの家庭にも多いことと思います。子どもにとって親の存在は大きく、親にとって子どもの存在は小さくありません。そしてわれわれ人間の生活は、親から生まれて始まり、子となり、親となり、やがて、必ず終わるのです。だから親なくして人間の一生はありません。たしかに、親の存在は偉大でありますが、また時には親の存在が必要でない場合があります。親が存在してはまずい時、親を抹殺《まっさつ》しなければコトが進まない、真実が浮き彫りにできない事態《じたい》もありうるのです。悲しいかな、そう思うのです。

でも私たちは、親のいる故郷に帰ります。安心できる所に帰ります。母港に帰ろうとします。船は転覆《てんぷく》しかけても、元にかえろうとする復元力があります。私たちもときに生活に転覆しかけますが、なぜか、いのちの根源であるふるさとの山や川の自然に出会うと落ち着きます。まして幼な名を呼ばれると感無量《かんむりょう》です。

太陽に干された布団《ふとん》に、あるいは、たとえカビ臭い布団であっても、思う存分に手足を伸ばしきるその一夜は、ふるさとを持つ者にとって至福のひとときであります。近所の小さな子どもたちは、外で喧嘩をしたとき泣き出すのをこらえていますが、母親の元に帰ると泣き出します。安心して、思いきり泣くのです。何もかも、任せて、泣くのです。任せきるのです。それができる子どもたちをとても羨《うらや》ましく思います。

親鸞聖人の故郷

ところで私の友人に国文学を専攻する人があります。彼に今一番逢いたい人は誰かと尋ねますと、『源氏物語《げんじものがたり》』の作者である紫式部《むらさきしきぶ》と答えました。思いがけぬ返答に感服しましたが、私は今一番に親鸞聖人に逢いたくてなりません。聖人の声を聴いてみたい、可能であるならば聖人の生活を映像で復元していただきたい、そんな衝動《しょうどう》にかられます。鎌倉時代に帰ってみたいと思います。そして、聖人のふるさとの話を聴きたくて仕方がありません。

親鸞聖人は京都から越後へ、そして、関東へ、さらに、京都に帰られました。故郷の京都でたくさんの本をまとめられました。『教行信証』の中に「正信念仏偈《しょうしんねんぶつげ》」、つまり私たちがいつも口にする「帰命無量寿如来、南無不可思議光……唯可信斯高僧説」という、あの「正信偈」があります。親鸞聖人は関東の人びとのことも決して忘れず、「いなかの人びと」として第二の故郷を語っておられますが、とりわけ、「正信偈」の本文は、聖人の本当の故郷を綴った、故郷に対する最大級の詩歌だと思います。

というのは、聖人がたどりついた結論を「帰命無量寿如来」と「正信偈」の巻頭《かんとう》に書かれているからです。「帰命無量寿如来」は「正信偈」の序文《じょぶん》ではないと思うのです。親鸞聖人は現実の生活を顧《かえり》みて、自分の故郷は無量寿如来だと結論されました。その故郷にたどりつく歴史が「正信偈」ではないでしょうか。

その故郷に到達するには多くの人びとの教えがありました。この大士や宗師が「弘経大士宗師等」と教えを弘めてくださったと聖人は示されています。そしてこれらの人びとの教えを「唯説弥陀本願海」、「唯能常称如来号」、「正定之因唯信心」、「唯明浄土可通入」、「極重悪人唯称仏」、「唯可信斯高僧説」と唯一、唯称、唯信と繰り返して受けられました。親鸞聖人の歩みは、これら七高僧の教えに始まり、その最終点は「帰命無量寿如来」であったのです。「正信偈」の最後の部分である「唯可信斯高僧説」を序文として、そこから逆に拝読していきますと、結論は巻頭の「帰命無量寿如来」となるのです。親鸞聖人の故郷は唯《ただ》一つ無量寿如来であったと思うのです。

このように親鸞聖人が真の故郷にたどりつくまでには、私たちと同様に、親があり、妻があり、子どもがあり、生活がありました。その生活に即しつつも聖人の故郷は、あくまでも阿弥陀如来のいらっしゃるところでありました。

帰心矢の如し。私たちも本当の故郷に帰りたいものです。この原稿を書いている窓から見える新緑の木の葉はそよそよと風に踊っています。何の不思議さもない現象です。いま、部屋の奥からは母親となった家内が作る夕食の匂いがしてきました。私たちは食べなければならない存在です。肉体を離れてわれわれ人間は語られませんが、如来の肉体である「南無阿弥陀仏」に我が身をぶつけるその音色《ねいろ》こそが、「南無阿弥陀仏」であり、それは快い音色となって我が身に聴こえ、響いてくるのであります。

きょうも極楽があり、地獄があった一日でした。太陽はきちんと西に沈みつつあります。そばに寄り添ってきた幼娘の「お父さん、ご飯よ！」という呼びかけに、「うん、うん」とうなずきますと、夕焼け小焼けの赤とんぼの歌が、心から漏《も》れてきます。

掌をあわせる

薩摩の念仏禁制

まあ、こんなにご苦労なさって!

まあ、こんなにご苦労なさって……。

七十歳か、八十歳くらいと思われる二人のおばあさんたちは、いきなり、お互いの肩をはげしくたたき、腕を取り合うように、声を震《ふる》わせながら、そう言われました。

まあ、こんなにご苦労なさって……。

この言葉を何回となくくり返し、そして、唇《くちびる》がモグモグと動き、そしてまた、自分一人だけに聞こえるような、小さな声で、南無阿弥陀仏、南無阿弥陀仏と、言われていました。

今から二十数年前、鹿児島で開かれた開教百年記念法要にともなう「殉教秘宝展《じゅんきょうひほうてん》」の会場での一コマでありました。

九州鹿児島の島津藩《しまづはん》では、四百年前の昔から真宗の信仰は堅く禁止されていました。その理由については、諸説があってはっきりしません。研究の一説によると、親鸞聖人の説かれる徹底した自由と平等の思想は、不自由と差別を基礎にした封建《ほうけん》支配社会体制とは、とうてい相容《あいい》れないものがあり、いっぽうまた、各地の戦国武将が苦しんだ一向一揆の脅威《きょうい》は、島津氏にとっても当然警戒すべきものであり、領内に一向宗《いっこうしゅう》が広がることを憂慮《ゆうりょ》したのであろうと、とかくむずかしい言葉でいわれています。

ご承知のように、江戸時代にはキリスト教が禁止され、幕府はキリシタンの信者を容赦なく処刑しました。島津氏の薩摩藩《さつまはん》でも、キリシタンと同じように、真宗信徒と疑われた人びとは捕えられ、拷問《ごうもん》にかけられては自白を強要されました。そして、宗旨《しゅうし》を替えるように強制されました。これを当時の言葉で「胸替《むねがえ》」と申しました。

鹿児島で開催された「殉教秘宝展」は、そうした私たちの先輩たちが、死を賭《と》して守り続けた信仰の証《あか》しとなる尊い遺品を展示したものでした。役人の目をぬすんででも拝めるように、タンスの中に本尊を掛けていた「かくし仏壇」、竹筒に隠されていた「阿弥陀如来の絵像」、三角材の上に正坐させ、その膝の上に五十キロぐらいの石をのせて拷問した「責《せ》め石」など、その他、いろいろな資料が展示されていました。

私は、この殉教展の会場に解説員としてひかえていましたが、解説することもなく拝観に来られるおじいさんや、おばあさんたちの姿を、ただ呆然《ぼうぜん》と眺《なが》めているだけでした。解説は一切、不要でした。解説員としてそこにいること自体、恥ずかしい気持ちでした。顔が赤くなり、青くなっていくのがわかりました。会場に来られた皆様は、みんな、会場にはいられた途端に、それが何であるかわからないときから、「ナマンダブ、ナマンダブ」だけでありました。たしかに、それだけでありました。

親鸞聖人は、『浄土和讃』の一首に、

タトヒ大千世界ニ
ミテラン火ヲモスギユキテ
仏ノ御名《ミナ》ヲキクヒトハ

ナガク不退《フタイ》ニカナフナリ

と、詠《よ》んでおられます。たとえ、この広い世界が炎に満ちあふれたとして、その猛炎《もうえん》の中をくぐり抜けてでも、仏の名号《みょうごう》を聞信《もんしん》する人は、必ず仏となるに定まった身となる、とおっしゃっています。不退というのは、仏に必ずなるべき身と定まる、ということでしょう。

まあ、こんなにご苦労なさって……。

何回となく聞こえてくる、この言葉を、私は、どのように受け止めたらよいのか、迷い続けています。あたっているかどうか、わかりませんが、『真宗聖典』を繙《ひもと》いては、右に書いた『浄土和讃』にある一首を、いまも味わっています。そして、記念法要にご臨席いただいた故・大谷智子裏方には、

乳の香の　ただよふかこと　母のくに

薩摩の旅は　懐《なつ》かしかりし

という、一首を詠んでいただき、皆様とご一緒に夕食をいただいたことでした。

富山の薬売り

平成六年の九月、富山県の立山《たてやま》に登りました。そして、十月には鹿児島、熊本を一週ごとに往復し、十一月には奈良の吉野山に登りました。仕事と勉強のためとはいいながら、日本の半分ぐらいの広さを移動し、秋の自然を、この眼をレンズとして写してきました。美しい絵はがきのようだ、とは、言い古された形容ですが、やはり自然は偉大であり、美しいと思います。

鹿児島の桜島は、噴煙《ふんえん》をあげて活きていました。熊本の阿蘇山は、赤と黄色の樹葉を包みこんで、まるで血管のようでした。吉野山は、西行《さいぎよう》法師や芭蕉《ばしよう》が数多くの歌や句を詠んだように、仏教や文学を残していました。

立山に登山したのは初めてでした。初めてというのは、ういういしいということで、何事にも感動するものです。三千メートル級の山は、初めてです。室堂《むろどう》あたりに吹く九月の風は、もう時おり冷たく、頬《ほほ》を両手で押さえたくなります。秋空と山肌は『阿弥陀経』の「青色青光」「黄色黄光」「赤色赤光」の世界でした。そして、ほんの少し前年の残雪を見つけました。その雪は汚れてはいましたが、白色と白色が重なって青く輝いていました。そのような立山の点と点が、線と線が色分けされ、まるで張り絵のようでした。

越中立山といえば、私は、薬売りのおじさんを思い出します。もうそれは、懐かしい姿となりましたが、黒い大きな風呂敷でコウリを背負い、全国を歩いては、各家庭に薬を置いていくおじさんたち。子どもたちには、オマケが何よりも楽しみでした。私は紙風船をもらいました。サイコロのような、六面体が可愛《かわい》く、手でつくと空気が出てポンポンと音をだします。

そうした富山の薬は、江戸時代には、立山権現《ごんげん》の夢告《むこく》の薬として売られていました。少し詳しく申しますと、富山売薬の行商形態には、立山の山伏《やまぶし》や御師《おし》が各地の檀家にお札《ふだ》を配る、その配札の仕方が残存しているといわれます。私たちが、一見、非科学的と思われる方法で造られ、また民間に伝承されてきた秘伝薬《ひでん》とか、民間薬は、昔は神や仏の信仰に支えられていた薬でした。記録に残された立山権現の夢告の薬とは、そうした信仰に根付いた薬だったのです。

いっぽう北陸の富山は、真宗王国といわれるように、お念仏いっぱいの土地がらであることはいうまでもありません。そうした環境にあった富山の売薬商人の記録に『薩摩組示談定法書』という文献があります。江戸時代の文政元年（一八一八）の史料です。売薬商人たちが、遠く九州の鹿児島まで行商に出かける時の約束事などを書いた掟書です。その中に、つぎのような一条があります。

薩摩表《おもて》は、古来より浄土真宗の儀は、堅く御停止《ちょうじ》の所に御座《ござ》候《そうろう》。数年入り込み、懇意《こんい》になり候とも、宗門の沙汰《さた》、決して相咄《はなし》申すまじく候事。

つまり、薩摩地方は、昔から浄土真宗は禁制されており、数年来商《あきな》いが続いて親しくなっても、決して真宗の話をしてはいけない、ということです。言葉を裏返していうならば、右の条文は、明らかに薩摩を商業圏とする富山売薬の商人たちが、領内を廻って真宗の話をしていたことを反映しています。

そんな売薬商人による真宗の伝道は、禁制地域では簡単にできることではなく、秘密におこなわれたに相違ありません。

たとえば、鹿児島の、あるお寺には、本願寺第十七世・法如《ほうにょ》上人の裏書《うらがき》がある『御《お》文（御文章）が残っていますが、その袋綴じのなかに、親鸞聖人の一代記を書いた楮紙、三十二枚が隠されていました。冒頭に書いた「殉教秘宝展」のおりにみつけました。その文章を調べてみると、覚如《かくにょ》上人の伝記『最須敬重絵詞《さいしゅきょうじゅうえのことば》』の異本であったり、同じく覚如上人が書かれた『報恩講式』（『報恩私記《しき》』）や、存覚《ぞんかく》上人が書かれた『歎徳文《たんどくもん》』の文章が混入していました。その後、楮紙を鑑定《かんてい》してもらったところ、この紙は富山あたりで生産されたものであるらしいことがわかりました。私たちは驚いて、これは、おそらく、富山商人たちが運んだ聖教《しょうぎょう》類に違いない、と思っています。

私たちは、あらためて、多くの殉教遺品を目の前にして、ただ、いたずらに好事家《こうずか》的に、過去への郷愁をみたそうということではありません。私たちの亡き先輩たちが、いのちをかけて求めて来た道とは、いったい何であったのか、確かめたいのです。隠してまでも、血を流してまでも伝えなければならない、守り続けなければならない教えがあったのです。私たちは、あらためて、本願の歴史に参加しなければなりません。

掌をあわせて生まれる

平成六年の秋、立山に登ったことがご縁となり、私の過ぎ去った少・青年期の憶《おも》いがよみがえってきました。立山の頂上を仰ぎながら、子どものころに紙風船をくれた富山のおじさんや、鹿児島で出逢ったおばあさんたちが、次々と頭に浮かびました。そして私はなぜ、ここにいるんだろうと疑問をもちました。勉強のために、いな、正体をあかせば、いま続けている研究調査のために、仲間と一緒に登って来たはずです。真宗の真の字も忘れ、南無阿弥陀仏もアカンベーでありました。私の生活のなかでは、阿弥陀如来も、親鸞聖人も、南無阿弥陀仏も、しばしば、間に合わないのが本音《ほんね》であるかもしれません。でも、やっぱり、どんでん返しとなりました。

立山や、吉野山ではたくさんの樹木を見ました。風や雪の重みで、一方だけに傾いた立木。積雪で幹の下半分の葉っぱがまったくない木々。倒れて根が切れた名も知らない木。その木が倒れた壮絶《そうぜつ》な姿。両手をひろげ、バターンと倒れた形がすばらしい大木。老木もありました。でも、杖《つえ》はついていませんでした。一人で我慢して立っていました。

私は、山々の自然を見ているのに、実は、人生をおそわっていました。

人間は種をもっていても、かならずひらくとは限りません。でも木も花も、種をまいたら芽がでます。子葉《しよう》が生まれてきます。やがて、双葉《ふたば》があらわれて、次に本葉《ほんよう》が出てきます。それは、掌《て》のひらを合わせたような姿、形です。老木を見て、倒れた大木をみつけ、その下に新しい草花や木の実のいのちがうまれているのを見る。そのとき生物学的ないのちとともに、命《いのち》の教えがみえてきます。漢字で書く「命」とは、やはり人生を通してみえてくる「教え」なのです。生まれてくる姿は掌を合わせ、やがて死に往く時も、やっぱり掌を合わすんだなあ、と教えてもらいました。

人間の子

小手毬の花

春の深夜の道でした。道路の右手に一株の小手毬《こでまり》が咲いていました。月はまるくまるく輝いていました。昼間に見る小手毬は、春を象徴《しょうちょう》する花として可愛《かわい》いのですが、春の月夜の小手毬は、もっと可愛く静かです。

小手毬は低い木に咲くバラ科の花。私たちより低く、あくまでも頭を持ち上げない姿勢に頭が下がる思いがします。白色の五弁の花びらが「まり」のように固まって咲くから「小手毬」の名があるといいます。五弁の花びらを寄せ合うと、一つの花は直径一センチぐらいです。夜間の小手毬は、新緑の葉に冴《さ》えて、つい先日まで目にしていた積雪のようでした。そもそも花びら一枚が丸く雪のようであり、空の上の白い月も、大きな大きなひとひらの雪として浮かんでいるようでした。

何の不思議さもない光景でした。そのとき私は、自分一人に聞こえるような小さな声で、「ふふん」と頷《うなず》きました。一つの小さな自然現象には可憐《かれん》さがありますが、この自然現象に宗教的感覚が加わりますと、どこかしら懐《なつ》かしさが伴ってきます。「ふふん」と声を発した私の奥底に、子どものころに見た小手毬の姿があったのでしょう。花の名もしらなかった子ども（私）が、すこし大人になって「これが小手毬か」と確認しました。

ドラマ「大地の子」

ところで私は、この三月はとても落ち着かない時間を過ごしました。と申しますのは、NHK総合テレビで放映された「大地の子」というドラマを、まる一時間ずつ、まったく無言で、十日間見続けたのです。かつてこのドラマは、衛星放送で放映され、それからリクエストが多くて総合テレビで再放映され、今回は三回目の放映ということでした。

原作は山崎豊子さんの小説『大地の子』です。山崎豊子さんには『白い巨塔』、『二つの祖国』など、多くの作品がありますが、今回の『大地の子』は、中国残留孤児の苦闘の生涯をあつかった作品です。

主人公は陸一心《りくいっしん》という少年・青年です。日本名は松本勝男。長野県から満州開拓団《まんしゅうかいたくだん》として中国に渡った彼らの一団は、突然のソ連の参戦によって皆殺しとなってしまいます。父親は現地で召集《しょうしゅう》され行方不明。松本一家は、おじいちゃんと、二十四歳の母親タキエ、勝男少年、妹のあつ子、そして母親に背負われた赤ん坊です。ソ連兵の襲撃《しゅうげき》によって開拓団は皆銃殺されたのですが、勝男少年と妹のあつ子、それに仲良しだった大沢咲子お姉ちゃんは、多くの遺体の底に隠れ、生きのびました。血と炎の地獄、その恐怖心から勝男少年は記憶を失ってしまいました。その後、中国人に拾われ、五歳だった妹あつ子とは引き裂かれ、別々の中国人に育てられます。

中国名を大福と名付けられた勝男少年は、逃走して各地を転々としますが、あるとき「日本人鬼子」と書かれた段ボールを首に掛けられ、人びとの前で競売にかけられました。人身売買《じんしんばいばい》です。それを助けたのが陸徳志という小学校の先生をしていた中国人でした。松本勝男少年は、ここで陸一心と名付けられ成長していきますが、文化大革命運動に巻き込まれ、日本人であるがゆえに、苛酷《かこく》な労働を強《し》いられました。

やがて、冤罪《えんざい》は晴らされ、日中国交回復後、日本の大会社と中国が提携《ていけい》した製鉄工場が中国に建設されることになり、一心は有望な青年としてそのプロジェクトに参加します。そして、その製鉄会社の現地責任者の松本耕次という人が、一心少年の実の父親であることが判明していきます。二人は同じ仕事場で、三十八年振りに再会を果たすのです。

戦争というものが引きおこした人間の別れ、親子の別れ、そして再会の、苦悩の大河小説ドラマです。詳しいストーリーを説明できないのが残念ですが、この小説は、山崎豊子さんご自身の言葉によりますと、つぎのような作品でありました。

　悲惨な戦争を生きぬいた
人々の苦しみと
戦火の中でも消えなかった
大地の人々の恩愛を

永く心に刻み
日中友好の記《しる》しとして
捧《ささ》げます。

中国と日本

原作『大地の子』全三巻を私はまだ読破《どくは》していないのですが、ドラマを通して「二つ」という言葉を深く考え込むようになりました。このドラマは中国と日本という二つの国から出発しました。この二つというのは、人間の根本的な問題でありましょう。二つの存在です。二つあるということは、そこに間（あいだ）があるということです。

私たち人間は文字通り、間「あいだ」があるのです。人間と書いて、かつて「ジンカン」と読みました。人と人との間にあるのが人間の世界です。この二つの間が、実はなかなか解決できない問題なのです。社会を構成する人間の「間《あいだ》」と「間《あいだ》」が疎通《そつう》しない。お互いの風通しが悪い。これこそ現実の、毎日の、人間社会です。日暮しの中で、親と子の間に心が通わない。先生と生徒の間が響き合わない。兄弟の仲が悪く喧嘩《けんか》ばかりしている。そんな二つのあいだの問題はたくさんあります。

二つということは、あなた「と」わたしの問題ということで、理解と解決の方法は「と」に向かって進まなければなりません。この「と」の存在によって、お互いに対峙《たいじ》の関係が生じているように思われます。そこで、この「と」を取り払い、「の」の関係に置き換えたらいかがでしょうか。あなた「の」わたし。親と子ではなく、親の子という関係です。親のない子はないでしょう。私たちには、この肉体を頂戴《ちょうだい》した母があり、父があります。親の子なのです。この「あいだ」の「と」が抜けて「の」となった時、胸襟《きょうきん》を開き、通い合い、「ああ、そうだったのか」と、膝《ひざ》を叩《たた》いてうなずきあうことができるに違いありません。本来、人間というのは人と人が支えあっている存在であることを、あらためて知らなければなりません。

開けゆく「の」の世界

親鸞聖人は「二つ」という言葉に関連して、『唯信鈔文意《ゆいしんしょうもんい》』に次のように述べておられます。

「唯《ゆゐ》」は、たゞこのこと一《ひとつ》といふ、二《ふたつ》ならぶことを嫌ふ語《ことば》なり。また「唯《ゆゐ》」は、ひとりといふ意《こころ》なり。

右の『唯信鈔文意』にみえる語句について、説明は不必要でありましょう。私は人間の、特に、その場に応じた教え（肉声）というものは、時代を越え、国境を越えて共鳴するものがあると思うばかりです。真実は通じ合い、残るのです。別の表現をすると、嘘《うそ》は通じない、残らないのです。

『大地の子』は、大人が作ってしまった中国と日本という二つの「と」の世界から、中国の日本、日本の中国という「の」の世界に開かれていった作品と思います。二つのものは、対峙を生じますが、やがて求め合い、真実によって一つとなる。そこに精神的「いのち」が生まれ、その「いのち」は「命」（おしえ）となるのです。

戦争という恐ろしい無《む》秩序《ちつじょ》の中で、日本の少年を引き取り、真実の父となり、育ててくれた中国の陸徳志という人物。その養父に、日本の実父が深々と御礼を申し上げる。主人公は陸一心でありながら、このドラマは、陸徳志に支えられています。ドラマの中で、その陸徳志を見事に演じた中国の俳優さん朱旭《チユウシユイ》という人に、私は、拍手をおくらずにはいられませんでした。

名を呼ぶ

人間は別れる時も、死ぬ時も人の名を呼ぶことを、私はこのドラマからあらためて教わりました。陸一心の妹が、苛酷《かこく》な労働と栄養失調によって臨終を迎えたとき、「お兄ちゃん、勝ちゃん」と呼びました。人間は最後の最後に、たしかに人の名を呼ぶのです。臨終を迎え、人は「お金が欲しい」、「家が欲しい」、「御馳走を食べたい」とは言わないのです。子どもは「お父さん」、「お母さん」と呼び、生来の恋人たちはその人の名を呼び、夫や妻はそれぞれ、苦労をともにした連れ合いの名前を呼ぶに違いありません。

名を呼ぶということは、人間の根本の叫びなのですね。名を呼ぶということは、救いなのですね。根本的な救いの人間の言葉なのですね。人は機械や薬によっては救われません。かりに救われたように見えても、それは単なる延命であり、一時の休息にすぎません。人間は誰によって救われるのか。畢竟《ひっきょう》、人によって、「拯済《じょうさい》」されるほかはないのです。

そして、煩悩とは人間という生命体そのものであり、肉体そのものから起こってきます。生命をもったものは、物を食べ、糞尿《ふんにょう》を排泄《はいせつ》する――煩悩はこの肉体に生まれ、あり続けるものなのです。その煩悩に「さようなら」をする時、煩悩を作り、煩悩も育ててくれた父や母や、その他、縁あった人びとに感謝し、その名前を呼ぶのです。

私たちは、親であるならば、子どもに名前を付け、その子どもの名を呼び続けています。子どもは、お父さん、お母さん、と、私たちの名を呼んでくれています。お互いに、何千回、何万回、何億回と呼び続けています。阿弥陀如来は、私たちに向かってどれほど呼びかけていらっしゃるでしょう。そのこと自体になかなか気づかないのが、私たちの毎日なのかも知れません。

人間らしく生きる

今の私たちの社会は、物がとても豊富な時代であることを認めざるを得ません。そして科学万能の社会となりました。上を見ても下を見ても、便利な機械があり、右を見ても左を見ても、数字が人間を評価する社会となりました。どこかで赤ん坊が生まれ、どこかで一人の老人が死亡したことも、情報の発達によって即座にわかるようになりました。現代は、人間の生死が数値化《すうちか》された社会といっても過言ではありません。住居も何棟、何号と付けられ、やがては個々の人間も番号で呼ばれる時代が訪れるかも知れません。時計も温度計も、原理や仕組みを抜きにして、ただの数値を示すマークになってしまいました。精密で正確な機械は便利でありますが、実は最も不便な物なのかも知れません。

そういう私も、最近ではもっぱらワープロに原稿を打ち込むようになりました。はじき出される黒い文字は、白い紙に整然《せいぜん》としていますが、原稿用紙にペンで書いていた時と比べると、思考力がなくなったようで、文章そのものが貧弱になりました。そして、機械が打ち出す用紙の文字からは、その人の書き残した歓《よろこ》び、苦しさ、痛みがうかがえません。

本来人間は、精神の発達も身体の中に仕込《しこ》まれていたはずですが、機械化されることによって、人間の創造性が奪われたという感想を覚えます。今は人間が人間をこまらせている時代のようです。人間は自然から完全に見下され、そのためか人間がもろくなってしまいました。

「大地の子」――一心青年は、日本にいる父親のもとに帰るか、それとも中国の養父の元に留まるか、ギリギリの選択《せんたく》を迫られた時、雄大な長江《ちょうこう》の流れに浮かんだ船上で、「私は大地の子」と叫びました。日本の父親に対する惜別《せきべつ》の言葉でありました。大いなる母なる自然の土と水と空気が、大地の子を生み、はぐくんだのです。大地の子は、人間の子であったのです。科学万能の社会にあって、私たちは、人間として生きるか、それとも人間らしく生きるか、を問われています。

ふしぎ

小さないのち

与田準一編『日本童謡集』（岩波文庫）を読んでいましたら、次のような詩に突き当たりました。

大漁《たいりょう》　金子みすゞ

朝焼小《あさやけこ》焼《やけ》だ
大漁だ
大羽鰮《おおばいわし》の

大漁だ。
浜は祭の
ようだけど
海のなかでは
何万の
鰮《いわし》のとむらい
するだろう。

右の詩を書いた金子みすゞさんは、明治三十六年山口県の小さな漁村に生まれ、昭和五年、二十六歳の若さでこの世を去った童謡詩人です。西条八十《さいじょうやそ》という著名な詩人に早くから期待されていた人でした。

右の詩は、大漁を喜ぶ人びとの、お祭りのような賑《にぎ》わいのなかで、小さな何万の鰯《いわし》の「いのち」を深く捉《とら》えた詩で、一人の少女の優しさと怒りにも似た感情が混り合って、私たち大人を惹《ひ》きつけます。

小さないのちと言えば、昨年の夏は蟬が異常発生した年だったそうです。その発生の仕組みは複雑ですが、私もたしかにそう思いました。校庭にある一本の桜に、クマゼミが三十匹ほど一生懸命につかまっていました。土の中から生まれ出て、やがて幹の下から順序よく這《は》い上がり、上へ上へと一直線に並び、指揮者もいないのに、全員で、それぞれの声をはりあげて、合唱をくり広げていました。今、鳴いておかねば、と全身を震《ふる》わせていました。このクマゼミたちが集まった形、音、色を簡単に見逃《みのが》すわけにはいきません。自然と足は止まり、目を凝《こ》らしてみたとき、やはり不思議と言わざるを得ませんでした。

仏法は不思議

小さなものが一緒に集まると力強さを感じます。その力強さは小さな「いのち」に支えられているからでしょう。ザクロの実は、透《す》き通った実のそれぞれが集まって赤く輝き、タラコは一粒一粒が集まって強靱《きょうじん》な造形《ぞうけい》をみせてくれます。森林の老木が倒れかかっても決して杖《つえ》をつかないところに力強さをおぼえます。みんな、みんな、自然から教えられることばかりです。真《まこと》に不思議さが胸を打ちます。

ふしぎ

金子みすゞ

わたしはふしぎでたまらない
黒い雲からふる雨が
銀にひかっていることが。
わたしはふしぎでたまらない
青いくわの葉たべている
かいこが白くなることが。
わたしはふしぎでたまらない
たれもいじらぬ夕顔が
ひとりでぱらりと開くのが。
わたしはふしぎでたまらない
たれにきいてもわらってて

あたりまえだ
ということが。

右の金子みすゞさんの詩をまねて小学校五年生の娘が詩を作って来ました。

わたしはふしぎでたまらない
この美しい青空が
宇宙のはてまであることが。
わたしはふしぎでたまらない
むかしの生き物いなくても
化石で分かるということが。
わたしはふしぎでたまらない
自然にさいてる花たちに
かおりがあるということが。
わたしはふしぎでたまらない

人がないたりわらったり
気持ちをもてるということが。

言葉は違いますが、娘は国語の時間で学習した内容をきちんと理解するとともに、金子みすゞさんの詩をきちんと味わっている、と父親として思うのです。金子みすゞさんの心が少女の心に通い合っています。

明治の人の心が現代の平成の少女の心を揺《ゆ》り動かすのです。虚事《そらごと》でないからでしょう。五百年前の蓮如上人の『御文』（御文章）が私たちに届き、八百年前の親鸞聖人の言葉が『歎異抄』となって響き、紀元前五世紀のお釈迦さまの日常生活が経典となり、科学技術社会の人間に通い合うのです。私は自然の営みの不思議さもさることながら、この人間の過去、現在に、そして未来にわたって送り届けられるであろう仏法にいっそうの不思議さをおぼえます。

呼吸としての南無阿弥陀仏

南無阿弥陀仏。なんと不思議な言葉でしょう。人間が仏を呼ぶ声、仏が私たちを呼びたもう声として、人類に残されたメッセージでしょう。フランス人の念仏者・藤田ジャクリーンさんは、「南無阿弥陀仏」を初めて耳にした時、それはただ音《おと》にすぎなかったと告白しています。本当に不思議な言葉だったことでしょう。

南無阿弥陀仏。どこの世界の言語にも翻訳《ほんやく》できない言葉でしょう。いや訳《やく》してはいけない言葉です。南無阿弥陀仏。それは私たちにとっては耳慣れた言葉でもあります。毎日称える同じ言葉です。しかし、実はその日《ひ》毎《ごと》で違うのです。毎日の生活があり、その都度《つど》の、わたし、あなた、があるからです。古い言葉ですが、最も初々《ういうい》しい言葉です。

南無阿弥陀仏。それは人間の身体の仕組みとしての呼吸に等しいでしょう。毎日の一息です。でも、お念仏は、本当は厳《きび》しさと怒《いか》りを持っています。本当の念仏者には激しい怒りがあります。豊かな物質に囲まれた生活や苦労のない生活では響かないでしょう。このごろは絵像に描かれた親鸞聖人の顔がとても怖《こわ》く感じられるようになりました。

世界の情報を目や耳にするたびに、人間はますます自ら重い荷物を造りあげ、それをどうしようもなくなって助けを求めているようです。国際化社会と叫びながら、心の国際化がなされていません。そんな日暮らしにあって、仏法はますます、ジワジワと肉体

（からだ）に効《き》いてくるに違いありません。せっかく生まれてきたこの人生を、白髪《しらが》をなでつつじっくりと味わってみたいと私は思います。

土台となる

日記の発見

六十五年ぶりに亡き父親の日記が発見されました。祖父（父方）が秘蔵していたものを叔父が蔵の中から見つけだし、私に手渡してくれたのです。白い布製の表紙は赤土色と黒色に変色し、背表紙はボロボロです。昭和十一年の正月元旦から書き始めた一年間の日記です。

内容は熊本五高から長崎医大に進学するまでの学生生活と入学後の日々の暮らしを記録したものでした。よく読んでみますと、どうやら父は下宿部屋に仏壇を持っていたようで、「讃仏偈」を読んだとか、「朝、読経」と日記に出てきます。熊本や長崎の寺院によく出入りし、休日にはお寺で「日曜学校」を開いて子どもたちに童話を話してやることが好きだったようです。熊本県の「五木の子守歌」を発掘し、当時、世間に広めたのは私の父だと伝え聞いています。また昭和十一年五月九日、長崎の光永寺で金子大栄先生の説教を聴聞し、そのあと金子先生と座談したとも書いてありました。

父は医学生として科学を修めるかたわら、仏教に関心があったようです。「医学生のみに与えられた特権、解剖学の実習始まる。（遺体）二十体が並んでいる」、「人間の生首を見たり」、「男女の腰部の丸切りを見たり」とあり、医学と仏法のはざまにあって「正しき信仰に生きんかな」、「俺《おれ》の生活は苦しむことだ。人と共に泣くことだ」、「子供（日曜学校の子供）を叱る。涙を流して許してくれといふ。余《よ》また感涙し仏前に礼をいふ」という記述を見つけました。

そんな日記のなかで、五高の友人であった本多礼一（武宮礼一・私の母方の伯父）の故郷宅にぶらりと訪れた記事があります。受験を終え合否を待つ期間であったようです。当の友人・礼一は留守なのに、あつかましく数日も逗留したときの記録です。実は、この居候《いそうろう》のときに自分の医大合格を知ったことがわかりました。

そんななかで、ここは「念仏の家。真にうらやまし」、「朝、説教」、「本多君の父親、余に語る仏法、念仏の味わひを一層深くせり」、「たのしき家庭、念仏の家、忘れ難し、かかる生活を営まん」、「念仏合掌。真にうるはしく、うらやましき家なり。常にかゝる所に住みたし」と父は日記に書いております。その後、下宿に帰ったあとには本多藤城（本多礼一の父）から名号を書いて送ってもらったともありました。

私は父の血気盛んな時代の日記を読み、この父親の血を享けて、今の、私があるんだ、とあらためて涙腺がゆるみ、独り苦笑したことでした。実は父は本多礼一の妹と結婚しました。つまり、その妹が私の母となったのです。そんな経緯をたどりますと、私が生まれる前から私の身体に「念仏の種」がまかれていた宿縁に驚きます。

土台としての仏飯

父が早く逝きましたので、私は母の実家（本多藤城宅）で幼稚園時代を過ごしました。隣はお寺です。近くに鐘撞堂があり、いつも線香臭い境内が遊び場でした。当時は「おやつ」という時代ではありませんでした。だから、腹がすいたときは、祖母からいつも

「仏飯《ぶっぱん》」をもらいました。この「ぶっぱん」ということ、全国各地で呼び方が違い、場所によっては「ご膳《ぜん》さまま」とか「おぶくさん」とも呼ぶ地域があるでしょう。ご本尊や、お内仏や、家庭の仏壇に供える「ほとけさま」の御飯です。朝餉《あさげ》の時に供えたカラカラと音がするような乾燥した御飯で、前日の、あるいは前々日の仏飯に味噌納豆をつけて食べさせられました。おいしいと感じたことは真っ赤なウソ。表面の乾燥しきった固い米粒、粒、粒。炭火であぶってくれた祖母の念仏（愛情）を聞きながら、線香くさい塊《かたまり》を食べました。懐かしい光景が目に浮かんできます。

夕方は仏壇の前にすわらせられ、意味のわからない「ナマンダー」、「ナマンダー」。それから夕食でした。暗い裸電球と白い電灯傘が目に焼きついています。家庭の中で聞く「ショウシンゲ」（正信偈）、「ショウジン」（精進）、「ゴショウキ」（ご正忌）という言葉。幼い私にわかるはずがありません。でも、祖母と一緒に、小さな竹の筒にご飯を詰め込んで、それを押し出して作る「仏飯」は、トコロテンのように実に面白い私の仕事でありました。

遊び場所はお寺の広い境内《けいだい》でした。先輩も後輩もない田舎の子どもたちが、一本の木を削ってバットにし、お金持ちの子どもが買ってきたゴムボールでやる野球です。ボールがお寺の木々に当たると葉っぱが切れます。境内の樹木が傷《いた》みます。大学生になって訪ねてみたら、境内では野球ができないように、いつのまにか各所に樹木がまんべんなく植え替えられていました。「俺たちのせいだなあ」と子どものころの反省と、ご院家《いんげ》さん（住職）の温顔《おんがん》が思い出され、なんともいえない苦笑をこらえることができませんでした。

お寺の奥の墓所は、御堂《みどう》以上の遊び場でした。鈍《にぶ》い色の墓石。いろいろな草花の色や香り。墓前にある花瓶（竹筒）に残る腐敗した水の悪臭。そこにわくボウフラの形と動き。子どものころの観察を思い出しますと、ここが学習の場であったようです。あるとき、小学校の朝礼で生徒みんなが校長先生から注意を受けたことがありました。「みなさん、墓石が倒れるから墓場では遊ばないように」と。そうしたら担任の先生が教室で「みんな死んだら毎日墓場で遊べるから、いまは遊ぶな」と。なんとまあ、立派な教えではありませんか。

こんな環境での日暮らしのなかで、仏飯を血と肉として私は育ちました。そうした家庭の中で囁《ささや》かれた「ナマンダー」「ナマンダー」の声が、今の私の生活の哲学になっているようです。一文不知《いちもんふち》で「ナンモナカッター。タダ、ネンブツダケジャッター」（何も無かった。唯《ただ》、念仏だけだった）と言い遺《のこ》してこの世を去った祖母の生活態度が、私の礎《いしずえ》になっていることは確かなのです。

なるようになっている

子どもは大人を踏み台として成長していきます。大人も先人たちの人生を土台として成長していきます。家庭の中に老人をかかえ、病人をかかえ、悩める子どもをかかえ、苦労をかかえ、貧乏をかかえ、「まあ、なんとかなるさ」という、この毎日の暮らし。いやいや、考えてみれば、私たちの人生は、この境遇は、この家庭生活は、お互いに、今、このように「なるようになっている」のではないでしょうか。

生活において、投げられる人生のボールは直球もあれば変化球もあります。とかく変化球のくることが多いバッターボックスに立っているのが、現実の姿でありましょう。しかし、南無阿弥陀仏という不思議な言葉を称えつつ、私たちは投げられるボールをそのまま受け取らねばなりません。人生のボールを受けながら、如来さまからの私たちへのメッセージを正しく受け取らねばなりません。そうした生活態度を見本として示し、私たち大人は、子どもたちにとっての盤石《ばんじゃく》な土台になりたいものです。

あとがき

祖母の念仏生活を綴った『お千代の念佛』（私家版）を編集、出版したことがある。たどたどしい「カタカナ」しか知らなかった祖母が伯父や叔母たちに宛てた書簡集である。この小さな本を西元宗助、小山治、廣小路亨、新田壽先生をはじめ、仲野良俊、竹下哲、寺川俊昭先生ほか、多くの有縁の皆様にお届けしたところ、ある先生から「すばらしいファミリー」という言葉をいただいた。もったいないことである。

それから十八年の歳月が流れた。こんどは私の十八歳からこれまでの生活に関する随想を集めることにした。大谷婦人会本部発行『花すみれ』に掲載した旧稿から九篇を選び、補筆訂正して編集した。三十代半ばの昭和六〇年から寄稿しており、読み直してみると、ずいぶん生意気なことを書いている。深く反省しなければならない。

反省といえば、受験勉強をいっさいしなかったことであろう。そのことが今の生活にずいぶんと影響を与え、苦しんでいる。ただ、一つだけ自負したいことがある。それは、中学、高校時代に教室や外庭の掃除を一生懸命にしたことだ。榎本栄一さんの「ぞうきんは　他のよごれを　いっしょうけんめい拭いて　自分は　よごれにまみれている」という詩を読んで、いまでこそ「ああ、よかった」と後悔はしていない。

本文でもふれたように、私は在家者である。これもまた「ああ、よかった」と思っている。とにもかくにも、私の一族では、身内の葬式で笑い声がおこるときがある。ことに祖母の葬式が終った後は、みな一同に「ああ、楽しかった」であった。この楽しさとはいったいどこから来るのであろうか、一見、まことに不謹慎ではある。常識では考えられないことであろうし、俗にいう「おかしか」（変な）一族である。しかし……、それは真の念仏者であった祖父があり、祖母があり、そして伯父（叔父）があり、伯母（叔母）があり、従兄弟・従姉妹たちがあり、念仏の歴史に支えられてきた楽しさなのであろうと思う。将来、自分の妻の生家になるとは思わなかったであろうその家に逗《とう》留《りゅう》し「たのしき家庭、念仏の家」と書き残してくれた亡父（当時・二十二歳）の日記を読むにつれ、私は想いをあらたにしている。

ファミリーのことばかりで恐縮であるが、父親を亡くした直後であった学生と出遇ったとき、有無を言わせず「念珠」と『真宗聖典』を買ってあげた。それが私と縁を結んだ家内であり、私の家庭の原点である。その家内の父・俊英（昭和五十年四月五日往生）と、私の父・一雄（昭和二十八年十二月十五日往生）に本書を供《そな》えることにしたい。

この本は四歳のときから何となく聞こえてきた「ナマンダー」（南無阿弥陀仏）と「ホーゾーカン」（法藏館）が一つになって作っていただいた。編集を担当された池田顕雄氏とはじめてあったとき、ずいぶん身長の高い恰幅のある人だと思った。一緒にすわって杯をかわすとき、目の高さを等しくしていただいた。すでに出遇《であ》うようになっていたのであろう、意気投合してすぐに本書の計画がまとまった。素早かった。

書名の『念仏のきこえる家族』は、祖父・祖母が暮らした家〈持名庵〉を象徴したものである。法藏館社長・西村七兵衛氏と池田氏と私の三人で決定した。おたがいに気に入っている。合掌して御礼申し上げたい。

なお、本書が特定の宗教の枠を超えて、学校教育や家庭教育でのスイッチとなる内容をもっているならば倖《さいわ》いである。

平成十三年十月二十一日（誕生日）

根井　浄

根井　浄（ねい　きよし）
1949年宮崎県生まれ。大谷大学大学院文学研究科博士課程満期修了。現在、神戸常盤短期大学教授。神戸大学、龍谷大学、京都女子大学非常勤講師。日本宗教学会評議委員。
著者『補陀落渡海史』（法藏館）、共編著『お千代の念佛』（私家版）、その他、日本宗教文化史、仏教民俗学に関する共著、論文多数。

念仏のきこえる家族
二〇〇一年一一月二〇日　初版第一刷発行
著　者　根井　浄
発行者　西村七兵衛
発行所　株式会社　法藏館
京都市下京区正面通烏丸東入
郵便番号　六〇〇―八一五三
電話　〇七五（三四三）五六五六
振替　〇一〇七〇―三―二七四三
印刷・製本　リコーアート
乱丁・落丁本の場合はお取り替え致します
ISBN4-8318-4045-9　C0015